Tilo Rausch

Katzen Katzen

ars vivendi

Die kleinste Katze ist ein Meisterwerk.

Leonardo da Vinci

Ich weiß nicht, wer ich bin. Ich bin wie der Kater.
Wir sind einfach Niemande. Wir gehören zu niemandem,
und niemand gehört zu uns. Und eigentlich gehören wir
nicht mal zusammen.

Audrey Hepburn in »Frühstück bei Tiffany«

Wenn man sich mit der Katze einlässt,
riskiert man lediglich, bereichert zu werden.

Colette

Wer eine Katze hat,
braucht das Alleinsein nicht zu fürchten.

Daniel Defoe

Katzen sind ein geheimnisvolles Völkchen.
Es geht mehr in ihren Köpfen herum, als wir
uns vorstellen können.

Sir Walter Scott

Es gibt nichts Weicheres, nichts, was sich feiner,

zarter und wertvoller anfühlt, als das Fell einer Katze.

Guy de Maupassant

Das einzige vierbeinige Tier, das dem Menschen eingeredet hat, er müsse es erhalten, es brauche aber dafür nichts zu tun.

Kurt Tucholsky

Das Leben und dazu eine Katze, das gibt eine unglaubliche Summe.

Rainer Maria Rilke

Katzen erreichen mühelos,
was uns Menschen versagt bleibt:
durchs Leben zu gehen,
ohne Lärm zu machen.

Ernest Hemingway

Von je des Orts vertrauter Geist gewesen,
Herrscht sie und richtet und beseelt zugleich
Ein jedes Ding in ihrem weiten Reich;
Ein Feenkind vielleicht, ein göttlich Wesen.

Charles Baudelaire

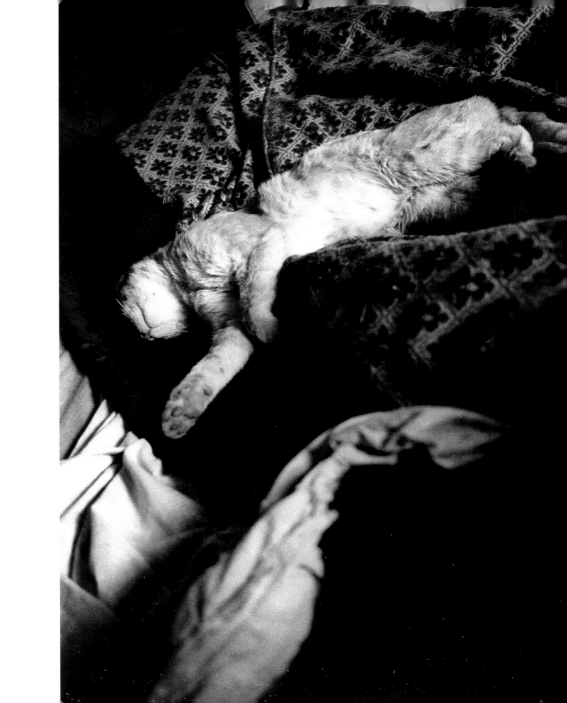

Kennst du Wingley? Der Berg hat ihn mitgebracht. Er war mit ungeheuren Augen angetan, nachdem er durch die ganze Landschaft gesaust war, & es dauerte mehrere Stunden, bis das berühmte Schnurren wieder in Aktion trat. Jetzt hat er [sich] völlig eingewöhnt & liest abends mit uns Shakespeare. Ich möchte wissen, wie Katzens Shakespeare ist. Wir erwarten, dass er in Kürze seine Erinnerungen schreibt. Sie sollen in Mausleder gebunden werden.

Katherine Mansfield

Sie ist ein außerordentlich schmuckes, reinliches, zierliches und anmutiges Geschöpf, jede ihrer Bewegungen nett und angenehm, und ihre Gewandtheit wahrhaft bewunderungswürdig.

Alfred Brehm

Katzen sind die rücksichtsvollsten
und aufmerksamsten Gesellschafter,
die man sich wünschen kann.

Pablo Picasso

Und die geschändeten und geschmähten Katzen werden über die fashionablen Kater herfallen und werden ihnen eine Katzenmusik bringen, dass ihnen alle Katzlust vergehen soll. Und die Katzen werden miauen: »Jetzt regieren wir!«

Georg Weerth

Sphinx

Versonnen nehmen sie die edlen Haltungen der großen Sphinxe ein,
die ausgestreckt in tiefen Einsamkeiten ruhen und zu
entschlummern scheinen in endlosem Traum.

Charles Baudelaire

Die Katzen

Sie sind sehr kühl und biegsam, wenn sie schreiten,
Und ihre Leiber fließen sanft entlang.
Wenn sie die blumenhaften Füße breiten,
Schmiegt sich die Erde ihrem runden Gang.

Ihr Blick ist demuthaft und manchmal etwas irr.
Dann spinnen ihre Krallen fremde Fäden,
Aus Haar und Seide schmerzliches Gewirr,
Vor Kellerstufen und zerbrochnen Läden.

Im Abend sind sie groß und ganz entrückt,
Verzauberte auf nächtlich weißen Steinen,
In Schmerz und Wollust sehnsuchtskrank verzückt
Hörst du sie fern durch deine Nächte weinen.

Maria Luise Weissmann

Welch ein Vorzug, welch ein köstliches Geschenk des Himmels, inneres physisches Wohlbehagen ausdrücken zu können durch Ton und Gebärde! – Erst knurrte ich, dann kam mir jenes unnachahmliche Talent, den Schweif in den zierlichsten Kreisen zu schlängeln, dann die wunderbare Gabe, durch das einzige Wörtlein »Miau« Freude, Schmerz, Wonne und Entzücken, Angst und Verzweiflung, kurz, alle Empfindungen und Leidenschaften in ihren mannigfaltigsten Abstufungen auszudrücken. Was ist die Sprache der Menschen gegen dieses einfachste aller einfachen Mittel, sich verständlich zu machen!

E. T. A. Hoffmann

Wenn ich mit meiner Katze spiele, bin ich nie ganz sicher, ob nicht ich ihr Zeitvertreib bin.

Michel de Montaigne

Wir Katzen sind noch immer das freieste Geschlecht,
weil wir uns bei aller unserer Geschicklichkeit so ungeschickt
anzustellen wissen, dass es der Mensch aufgibt, uns zu erziehen.

Ludwig Tieck

Höchst aufmerksam folgten ihre Augen meiner schreibenden Feder, die bei dem melodischen Spinnerlied des Kätzchens gar munter hin und wieder glitt. Oftmals, als wolle sie meinen gar zu großen Eifer zügeln, streckte sie wohl auch das Pfötchen aus und hielt die Feder an, was mich dann stets bedenklich machte und wodurch mancher Gedankenstrich in meine nachher gedruckten Schriften gekommen ist.

Theodor Storm

Katzen lieben Menschen viel mehr, als sie zugeben wollen, aber sie besitzen genug Weisheit, es für sich zu behalten.

Mary E. Wilkins Freeman

Sie ist ganz Spielzeug, und ich habe es längst aufgegeben,
Ernsteres von ihr zu erwarten. Es liegt nicht in ihr. Sie ist
mir Schauspiel, Augenweide, Zirkusschönheit, im Hoch-
und Weitsprung gleich ausgezeichnet, und den Tag über an
der Klingelschnur zu Hause.

Theodor Fontane

Katzen, diese Wesen, haben die unmenschliche Geduld der Erde;
da ist ein Jahr, was für den Menschen nur eine Sekunde.

Christian Morgenstern

Einer alten Geschichte zufolge soll er seine Lieblingskatze Muessa stets im weiten Ärmel seines Gewandes bei sich getragen haben. Als er einmal zum Gebet gerufen wurde und Muessas Schlaf nicht stören wollte, schnitt er kurzerhand den Ärmel ab. Er ging dann einfach ärmellos zum Gebet.

über Mohammed

Die Uhr

Die Chinesen lesen die Zeit im Auge der Katze. Ein Missionar ging einmal in der Umgebung von Nanking spazieren, als er bemerkte, dass er seine Uhr vergessen hatte; er fragte einen Knaben, wie spät es sei.
Der kleine Bengel aus dem Reich des Himmels zögerte erst; dann bedachte er sich und erwiderte: »Gleich werde ich es Ihnen sagen.« Wenige Augenblicke später erschien er wieder und hielt eine große, dicke Katze im Arm. Er schaute ihr, wie man so sagt, ins Weiße der Augen und versicherte ohne Zögern: »Es ist noch nicht ganz Mittag.« Und es stimmt.
Ich meinerseits, wenn ich mich zu der schönen Féline neige, der so Wohlbenannten, die zugleich die Zierde ihres Geschlechts, der Stolz meines Herzens und der Duft meines Geistes ist, sei es bei Nacht, sei es bei Tag, im hellen Licht oder im finstren Schatten, – stets lese ich am Grunde ihrer anbetungswürdigen Augen deutlich die Stunde, stets die gleiche, eine weite, feierliche Stunde, unermesslich wie der Raum, unabgeteilt in Minuten und Sekunden, – eine unbewegliche Stunde, die keine Uhr uns anzeigt, und dennoch leicht wie ein Seufzer, rasch wie ein Lidschlag.
Und käme ein Störenfried, während mein Blick auf diesem köstlichen Ziffernblatt ruht, käme ein grober Quälgeist, ein Dämon der Uhrzeit, und fragte mich: »Was betrachtest du da mit solcher Sorgfalt? Was suchst du in den Augen dieses Wesens? Siehst du darin die Stunde, du Zeitvergeuder, du tatenloser Sterblicher?« so antwortete ich ohne Zaudern: »Ja, ich sehe die Stunde; es ist die Ewigkeit!«

Charles Baudelaire

Wenn du ihre Zuneigung verdient hast, wird eine
Katze dein Freund sein, aber niemals dein Sklave.

Théophile Gautier

Die Menschheit lässt sich grob in zwei Gruppen einteilen:
in Katzenliebhaber und in vom Leben Benachteiligte.

Francesco Petrarca

Eine heruntergekommene Prinzessin
aus dem Löwengeschlecht.

Johann Wolfgang von Goethe

Unter allen Geschöpfen Gottes gibt es nur eines,
das sich keiner Versklavung unterwerfen lässt.
Dieses eine ist die Katze.

Mark Twain

Kleide eine Katze schön an, und sie wird eine Braut.

aus Tunesien

Aus dunklem Torweg, längs der Häuser schleichend

Huschte der Katzen weich verstohlener Tritt,

Wachsamen Ohres, lieben Schatten gleichend

Verfolgten sie uns langsam Schritt für Schritt.

Charles Baudelaire

Nun blickte er hinüber zur Katze, die so fest schlief, dass sie nicht einmal im Traume schnurrte.

Kurt Tucholsky

Der Mensch möchte Fisch sein und Vogel,
die Schlange möchte gern Flügel haben,
der Hund ist ein irregeleiteter Löwe,
der Ingenieur möchte Dichter sein,
die Fliege studiert Schwalbenflug,
der Dichter trachtet, die Fliege nachzuahmen,
die Katze aber
will nichts als Katze sein …

Pablo Neruda

katze am abend

ich vermute du hast
mäuse im kopf
und einen mächtigen nachtschwarzen kater,
katze am abend.

was aber tust du, wenn dein
mächtiger nachtschwarzer kater
mäuse vor deinen augen
auffrisst, katze am abend?

Ernst Jandl

Die Katze

Komm, schöne Katze, und schmiege dich
An mein Herz, halt zurück deine Kralle.
Lass den Blick in dein Auge tauchen mich,
In dein Aug' von Achat und Metalle.

So oft dich mein Finger gemächlich streift,
Deinen Kopf und Rücken zu schmeicheln,
Und träumende Lust meine Hand ergreift,
Die magnetischen Glieder zu streicheln,

Schau ich im Geist meine Frau. Der Strahl
Ihres Blickes, mein Tier, gleicht dem deinen,
Ist tief und kalt wie ein schneidender Stahl.

In schmiegsamem Spiel haucht den feinen,
Gefährlichen Duft, wie Schmeichelgruß,
Ihr brauner Leib von Kopf bis Fuß.

Charles Baudelaire

Die Katze schlief weiter, in dem sichern Bewusstsein, dass sie, wie alle Katzen, solange es Menschen gibt, ein verbrieftes Anrecht darauf habe, ihren Lebensunterhalt vorgesetzt zu bekommen, ohne irgendeine Verpflichtung zu haben, sich dafür durch Arbeit erkenntlich zu zeigen; denn selbst wenn sie sich doch so weit herablassen sollte, gelegentlich eine Maus zu erjagen, so tut sie es nicht, um den Menschen eine Gefälligkeit zu erweisen, sondern sie tut es, weil ja schließlich selbst eine Katze ein Recht darauf hat, hin und wieder einmal ein Vergnügen zu genießen, das im gewöhnlichen Wochenprogramm nicht vorgesehen ist.

Kurt Tucholsky

Ich habe drei Haustiere, die dieselbe Funktion erfüllen wie ein Ehemann: einen Hund, der jeden Morgen knurrt, einen Papagei, der den ganzen Nachmittag lang flucht, und eine Katze, die nachts spät nach Hause kommt.

Marie Corelli zugeschrieben

Schwarze Katze

Ein Gespenst ist noch wie eine Stelle,
dran dein Blick mit einem Klange stößt;
aber da, an diesem schwarzen Felle
wird dein stärkstes Schauen aufgelöst:

wie ein Tobender, wenn er in vollster
Raserei ins Schwarze stampft,
jählings am benehmenden Gepolster
einer Zelle aufhört und verdampft.

Alle Blicke, die sie jemals trafen,
scheint sie also an sich zu verhehlen,
um darüber drohend und verdrossen
zuzuschauern und damit zu schlafen.
Doch auf einmal kehrt sie, wie geweckt,
ihr Gesicht und mitten in das deine:
und da triffst du deinen Blick im geelen
Amber ihrer runden Augensteine
unerwartet wieder: eingeschlossen
wie ein ausgestorbenes Insekt.

Rainer Maria Rilke

Es gibt Menschen, die verändern die Welt kraft ihrer Argumente; eine Katze liegt nur schläfrig herum, und ganz langsam verändert sich die Welt von alleine zu einer Welt voller Gemütlichkeit und Zufriedenheit.

Anonym

Die Katzen halten keinen für eloquent,
der nicht miauen kann.

Marie Freifrau v. Ebner-Eschenbach

Gott schuf die Katze, damit der Mensch einen Tiger zum Streicheln hat.

Victor Hugo

Schöne Fraun mit schönen Katzen

Schöne Fraun und Katzen pflegen
Häufig Freundschaft, wenn sie gleich sind,
Weil sie weich sind
Und mit Grazie sich bewegen.

Weil sie leise sich verstehen,
Weil sie selber leise gehen,
Alles Plumpe oder Laute
Fliehen und als wohlgebaute
Wesen stets ein schönes Bild sind.

Unter sich sind sie Vertraute,
Sie, die sonst unzähmbar wild sind.

Fell wie Samt und Haar wie Seide.
Allverwöhnt. – Man meint, daß beide
Sich nach nichts, als danach sehnen,
Sich auf Sofas schön zu dehnen.

Schöne Fraun mit schönen Katzen,
Wem von ihnen man dann schmeichelt,
Wen von ihnen man gar streichelt,
Stets riskiert man, daß sie kratzen.

Denn sie haben meistens Mucken,
Die zuletzt uns andre jucken.
Weiß man recht, ob sie im Hellen
Echt sind oder sich verstellen?
Weiß man, wenn sie tief sich ducken,

Ob das nicht zum Sprung geschieht?
Aber abends, nachts, im Dunkeln,
Wenn dann ihre Augen funkeln,
Weiß man alles oder flieht
Vor den Funken, die sie stieben.

Doch man soll nicht Fraun, die ihre
Schönen Katzen wirklich lieben,
Menschen überhaupt, die Tiere
Lieben, dieserhalb verdammen.

Sind Verliebte auch wie Flammen,
Zu- und ineinander passend,
Alles Fremde aber hassend.

Ob sie anders oder so sind,
Ob sie männlich, feminin sind,
Ob sie traurig oder froh sind,
Aus Madrid oder Berlin sind,
Ob sie schwarz, ob gelb, ob grau, –

Auch wer weder Katz noch Frau
Schätzt, wird Katzen gern mit Frauen,
Wenn sie beide schön sind, schauen.
Doch begegnen Ringelnatzen
Häßlich alte Fraun mit Katzen,
Geht er schnell drei Schritt zurück.
Denn er sagt: Das bringt kein Glück.

Joachim Ringelnatz

Vergangnen Maitag brachte meine Katze
Zur Welt sechs allerliebste kleine Kätzchen,
Maikätzchen, alle weiß mit schwarzen Schwänzchen.
Fürwahr, es war ein zierlich Wochenbettchen!

Theodor Storm

Einen Gruß, Mingo! An dich und an alles, was schön ist und rätselhaft, überflüssig und geschwungen, unergründlich und einsam und ewig getrennt von uns: also an die Katzen und an das Feuer und das Wasser und an die Frauen.
Mit einem herzlichen Fellgestreichel und Grüßen an die Herrschaften, die bei dir wohnen.
Dein Peter Panter

Kurt Tucholsky

Ich kenne Damen, die ihre Katzen zärtlicher umarmen als ihre Ehegatten ...

Adolf Freiherr von Knigge

Die Augen einer Katze sind Fenster,
die uns in eine andere Welt blicken lassen.

aus Irland

Ich möchte wie eine Katze schlafen
mit allen Haaren der Zeit
mit des Feuersteins Zunge
...
und dann mit niemand sprechen
mich ausstrecken über die Welt
...

Pablo Neruda

Die Katze kennt keinen Herrn.

Spanisches Sprichwort

Ganz in der Nähe hat man einer wilden Katze vier Fuß Raum zur Erheiterung angewiesen. Das arme Tier war früher eine wilde, ausgelassene Schönheit, vor der manch zärtlicher Kater anbetend niederfiel. Auf nächtlichen Bällen erlebte sie viel des Abenteuerlichen, sie lebte mit den Männern des Jahrhunderts, sie warf mit Bonmots um sich und wandelte lange Zeit: ein sehr heiteres aber fleckenloses Geschöpf. Mit den Katern des Jahrhunderts ist indessen nicht zu spaßen; unser Kätzchen ging zuletzt dennoch in die Falle, und aus war es mit aller Reputation! – Die Welt ist hart und unerbittlich. In dem einsamen Boudoir sitzt nun unsre alternde Schöne und ärgert sich darüber, wenn manch junge unschuldige Miss errötend an ihren Gardinen vorübereilt.

Georg Weerth

Ich habe die Philosophen und die Katzen studiert,
doch die Weisheit der Katzen ist letztlich um ein Weites größer.

Hippolyte Taine

Tilo Rausch

Foto: © Christine Courteix

Tilo Rausch, geboren 1963, entdeckte seine Leidenschaft für die Fotografie im Alter von 16 Jahren. Nach 18 Jahren professioneller Fotografie kann der Autodidakt auf zahlreiche Ausstellungen und Veröffentlichungen zurückblicken. Tilo Rausch ist *Photokina*- und *Ilford*-Preisträger; seine Arbeiten sind u. a. in der Sammlung des *Minneapolis Institute of Arts* vertreten. Mittlerweile ist Rausch mit seiner Familie in der Zurückgezogenheit der Auvergne heimisch geworden.

Textnachweis

31 Katherine Mansfield: *Briefe*. Hrsg. v. Vincent O'Sullivan, Üb. v. E. Schönfeld. © 1992 Insel Verlag, Frankfurt am Main.

38 Charles Baudelaire: *Sämtliche Werke und Briefe, Band III*. © 1975 Carl Hanser Verlag, München – Wien.

64 Charles Baudelaire: *Sämtliche Werke und Briefe, Band VIII*. Hrsg. und komm. v. Friedhelm Kemp und Claude Pichois in Zusammenarbeit mit Wolfgang Drost. Üb. v. Friedhelm Kemp. © 1985 Carl Hanser Verlag, München – Wien.

83 Pablo Neruda: *Das lyrische Werk 2*, Hrsg. v. Karsten Garscha. © 1967 Luchterhand Literaturverlag, München, in der Verlagsgruppe Random House GmbH.

84 Ernst Jandl: *Dingfest. Verstreute Gedichte*. © Luchterhand Literaturverlag, München, in der Verlagsgruppe Random House GmbH.

116 Pablo Neruda: *Das lyrische Werk 2*, Hrsg. v. Karsten Garscha. © 1967 Luchterhand Literaturverlag, München, in der Verlagsgruppe Random House GmbH.

Der Verlag dankt den Inhabern der Rechte für die Genehmigung zum Abdruck der Texte. In wenigen Fällen waren die Inhaber der Rechte leider nicht zu ermitteln. Rechteinhaber dieser Texte werden gebeten, sich an den Verlag zu wenden.

Originalausgabe
Erste Auflage 2008
© 2008 by ars vivendi verlag GmbH & Co. KG, Cadolzburg
Fotos: © Tilo Rausch
Texte: © s. Textnachweis
www.arsvivendi.com
Alle Rechte vorbehalten

Grafische Gestaltung: Anna Ponton
Umschlaggestaltung: Anna Ponton, unter Verwendung eines
Fotos von Tilo Rausch
Lithografie: Reprostudio Harald Schmidt, Nürnberg
Druck: Passavia Druckservice GmbH & Co. KG, Passau
Printed in Germany

ISBN 978-3-89716-805-3